AF607128
AVERSO

SORDOMUDA

Jorge Boccanera

Número 33 de la Colección **AVERSO POESÍA**

Sordomuda

Edición al cuidado de Averso Poesía
www.aversopoesia.com

hola@aversopoesia.com

Primera edición: abril de 2024
ISBN: 978-84-10027-32-9
Depósito Legal: GR 568-2024

Impreso en España - *Printed in Spain*

El papel utilizado para la impresión de este libro está calificado como papel ecológico y procede de bosques gestionados de manera sostenible.

SORDOMUDA

Jorge Boccanera

Prólogo de Carlos Salem

PRÓLOGO

Veo a un nene mirando con ojos impacientes la bruma que viene del puerto en Ingeniero White, tan cerca del Atlántico y tan lejos de Buenos Aires. Veo a un hombre memorizando, con los ojos llenos de interrogantes y rabia creadora, un horizonte ajeno, mientras decide si el exilio es, además de castigo, la oportunidad de los regresos. Veo a un periodista de los que no se compran porque no aprendieron a venderse, entrevistando a la muerte y preguntándole, una y otra vez, por qué.

Veo a un poeta enamorado de la palabra, que hace aparecer ramos de flores y metáforas ante la amada, en un intento por sorprenderla de una vez y para siempre, que es como creemos, pobrecitos, los hombres y los poetas, que se hacen las cosas.

Y ella, la Sordomuda, dice más por lo que calla.

Este libro, repleto de palabras tan excepcionales como cotidianas, cada una llovida en el preciso punto en que era necesaria para explicar lo inexplicable, es un homenaje a los silencios, a ese país inabarcable que existe entre una palabra y otra, entre el poema que asoma, imperfecto y vivo, y el que se queda dentro, nonato y eterno. A ese oficio le canta el poeta que ha visto a muchos de sus textos brotarse de otras alas y volverse canciones. Como el mismo Jorge Boccanera explicó en una entrevista: «Creo que al poeta una mano cortada lo lleva de la mano. O sea: los enigmas. Te diría que la poesía es el reportaje más profundo que se puede hacer a la realidad. Y ahí incluyo el misterio».[1]

Este libro, como muchos de Boccanera, está lleno de amor y de poesía y de amor a la poesía; cada una de sus páginas esparce la belleza entre las líneas en lugar de colgarlas en un rincón o en una frase. Tiene uno la certeza de que el autor es consciente de que su mayor arma, la palabra, pierde la mitad de su poder para deslumbrar a la Sordomuda.

Por eso la nombra y le dedica amaneceres, historietas, aventuras galácticas, algún rencor y sobre todo la observación maravillada de ese silencio tan lleno de sonidos que retumban dentro de Jorge Boccanera y que él comparte con la descarada timidez del que sabe que no tocó el cielo porque quizás no exista, pero a veces se asoma para verlo.

Este libro marca también la ratificación de un rumbo (que no deriva) en su poesía, algo que ya había dejado claro en *Polvo para morder* (1986): su brújula apuntaría a la metapoesía como el juego más serio, el que le permite mezclar humor con horror, reírse de sí mismo y llorar por los ausentes.

---

1. «El coraje del corazón», El Muro, la guía cultural de Buenos Aires, entrevista de Jaro Godoy a Jorge Boccanera.

Su originalidad nace, quizás, de conocer, valorar y difundir a otros poetas, sin renunciar a sus propias señas de identidad, pero dejando que les salgan brotes nuevos.

Ha coordinado, desde sus inicios a mediados de los años 70, numerosas antologías que convocaron a poetas de ambos lados del charco, para preguntarse sobre el amor, la rebeldía, las distancias y los amores. Una tarea que, más que debilitar sus raíces, las fortalece.

Como ya dejó dicho su amigo y maestro Juan Gelman en el prólogo de la edición de la antología personal *Marimba*:

> «[...] más de treinta años de quemar la palabra y de revolver las cenizas para extraer joyas posibles; la poesía de Boccanera no se parece a la de nadie. Brota del subsuelo semántico que abonaron Raúl González Tuñón, Roberto Arlt, Carlos de la Púa, Homero Manzi, otros, pero el poeta sabe muy bien, como sabía Basho, que no hay que imitar a los antiguos, sino buscar lo mismo que ellos buscaron».[2]

Quizás todos los nombrados —y tantos otros y otras— amaron y amamos a la misma dulcísima y cruel Sordomuda, que nos mira en silencio y quizás se burla o nos corresponde por un rato.

2. Boccanera, Jorge (2006). *Marimba*. Buenos Aires: Ediciones Colihue.

Sordomuda es la poesía convertida en personaje hasta las últimas consecuencias, inasible a toda objetividad, ya que, por suerte, no hay nada menos científico que el amor.

Y como todo personaje vivo, crece, evoluciona o muere.

Esta Sordomuda es niña que danza en un desván a la hora de la siesta, muchacha que vomita fuego en una calle del centro un día cualquiera, tentación que despierta deseo y admiración por donde pasa, *femme fatale* y víctima, musa que bosteza si la aburres con palabras, nunca obediente mascota, siempre la bestia que devora el amor sin masticarlo o te lo escupe en la cara.

Y es el reconocimiento de que solo lo imposible es querible de verdad:

> *Cada noche soñamos que un caballo de vidrio muerde*
> *las ataduras,*
> *pero amanece y vamos espalda con espalda.*

El poeta celebra a la amada con el humor necesario para reírse de sí mismo y de sus empeños, que intuye insuficientes e inevitables:

> *Y soy el del retrato, tu instructor, tu pupilo, el cara de*
> *payaso,*
> *un pasajero en tu sudor apenas,*
> *Sordomuda, el que reza en tu cuerpo.*

Y es el triste enamorado que se cuestiona la validez de la tarea emprendida, porque sabe que no sabe ni quiere abandonarla:

Caminé,
¿Para qué?
Si el que habla de estas cosas es apenas el viudo
de tu lengua.

El propio Jorge Boccanera ofrece diversos orígenes al personaje. A veces nace de un sueño en el que una niña tiene una larga lengua de tela blanca. Otras veces admite que no sabe bien desde dónde llegó (pero que llegó para quedarse):

«Es difícil explicar por qué nos atrapa una imagen que termina convirtiéndose en el núcleo del poema. Me pasó con la figura de la 'Sordomuda', que me permitió reformular el hecho creativo no sólo desde lo conceptual, como es habitual cuando se reflexiona sobre la poesía misma, sino mostrarla como un personaje en acción, en secuencias que dejan al descubierto aquello que me ha influenciado: desde la trama coloquial hasta la escena onírica, incluyendo las historietas que leía en mi infancia. Una niña que arroja fuego por la boca en las esquinas y pide monedas a los transeúntes a cambio de mostrarles una lengua vacía como si fuese un telón cinematográfico donde ondula un teatro de sombras. Allí hay una aventura que toca descifrar al poeta, que es quien convive con ella bajo el mismo techo de la imposibilidad»[3].

Y por si fuera poco lo entregado en este libro, Boccanera agrega una suculenta yapa[4], de esas que en su infancia cerca del mar, y en la mía años más tarde en la Patagonia, te alegraba cuando te mandaban a comprar ciento cincuenta gramos de queso y el fiambrero guiñaba un ojo y agregaba dos fetas de más, o te regalaba una.

Porque esta prodigiosa Sordomuda incluye un regalo, otro libro dentro del libro, titulado con ironía *Zona de tolerancia*, que incluye verdaderas joyas como la legendaria *Arder* («Cuando nos besamos trituramos un ángel. / Su última voluntad será nuestro deseo».), la poliédrica *Los papeles del nadador* («Tú quieres preguntar y para preguntar primero hay que morirse») o *El peluquero*, ese poema que cada vez que lo leo me devuelve a mi infancia y a esos recintos en los que todo ocurría en los espejos, quizás el primero de tantos exilios por venir, y a la sospecha de que dejar de estar en un lugar es existir un poco menos:

Después, la muerte asentó su navaja y haciendo su
trabajo,
¿rasuraba al espejo?

---

3. Boccanera, Jorge, fragmento de una conversación sobre el origen de *Sordomuda*, con Carlos Salem.

4. Yapa: acepción 2. f. Arg., Chile, Ec., Par., Perú y Ur. Añadidura, especialmente la que se da como propina o regalo. *Diccionario de la lengua española*.

El peluquero se marchó bajo un cielo cualquiera
con estrellas de talco.

El espejo se pasó la mano por la cara afeitada, suave,
como un recién nacido.

Iba a cerrar este trastabillante intento de prólogo diciendo que envidio a quienes estén a punto de leer a Jorge Boccanera por primera vez, por aquello de los descubrimientos. Pero mentiría. Yo acabo de leerlo por trigésima vez y he vuelto a maravillarme por todo lo que ofrece y todo lo que provoca. Lo que dice y calla.

Como el propio poeta declara:

No le temo al silencio,
aun cuando se estrelle con sus alas de polvo
en mi ventana.
No da miedo escucharlo.
Tengo miedo de verlo.

Carlos Salem

Los escribientes son vencidos por la fatiga del dictado. Lo nuevo es mudo.

Raúl Gustavo Aguirre

En todo esto hay un hondo sentido pero cuando lo quiero explicar me faltan las palabras.

Tao Ch'ien

¿No podría leernos algo un poco más alegre?

(Una persona del público)

Pordiosera

No es la musa cantora ni el pájaro chillón,
ni el muñeco parlante ni la dama que dicta.
Es una Sordomuda,
que te muestra la lengua por sólo una moneda.

La lengua está vacía.
La moneda tiene que ser de oro.

Paciencia

Sordomuda,
en tu lengua vacía flota Janitzio, la isla.
Pasa Dino Campana vestido de bombero.
Arden las casas de Chiloé con sus escamas de madera.
No dejan de girar los voladores de Papantla.
Y el trío Matamoros canta «Lágrimas negras».

¿Y qué esperaba yo, mirándote la lengua treinta
y tantos abriles?
¿Un tifón? ¿Una chispa, trébol de cuatro llaves?
¿Un vendedor de biblias?
*¿Una juventud amable, heroica, fabulosa, digna de ser escrita
en letras de oro?*

Sordomuda,
estoy sentado en el lugar de siempre y en tu lengua vacía
escucho pasos.

Historieta

La niña abre el baúl y una mano le echa tierra en los ojos.
Ella dice: ¡qué hermoso paisaje!
Ahora mezcla pinturas,
revuelve los vestidos de tías adornadas con juegos
de palabras.
Se amorata, se luce angelical, gira mangosta,
novia de esparadrapo,
se mira en los espejos que trabajan sin que nadie
los mire.
En este último cuadro la niña se pinta y se despinta,
aparece y se borra.
Yo cierro el libro de cuentos infantiles pensando
que mi lengua es esa niña Sordomuda,
probándose vestidos a la hora en que los demás duermen.

Ejercicio

Dar en el blanco: bien.
Acertar, atinar, justo en el centro: bien.
Entre una ceja y otra.
Hacer centro: bien, bien.
Dar en el clavo, restallar,
pero con un muñón.

Aventuras

Sordomuda,
vivimos maniatados espalda con espalda
y alguien rasga la tienda donde estás prisionera:
lengüita azul no vayas a llorar
afuera los caballos resoplan intranquilos
y hay varios centinelas para una sola piedra.

Remo de mi canoa, mensajera, tu lengua brilla
junto al fuego cuando estamos espalda con espalda.
No vayas a hacer ruido,
hay jirones de tedio en los arbustos,
cantimploras vacías.

Loca de amordazada, emperrada, cautiva,
hay clavos oxidados en tu lengua, hay soldados de plomo.
Los he visto acampar y procurarse leña,
he visto sus cabeza rapadas, sus uniformes sucios.

Cada noche soñamos que un caballo de vidrio muerde
las ataduras,
pero amanece y vamos espalda con espalda.

Infancia

Llegó agitada Sordomuda.
En su respiración alguno bebía una cerveza,
alguno se arrojaba de la Torre Latina.
¿La traviesa flotaba en sus cabales?

Llegó agitada Sordomuda.
Una brizna de pasto entre los dientes,
papel picado y serpentinas sobre su corazón.
¿Flotaba en borracheras?

Alguien la llevó del brazo a la cocina.
Alguien la miró feo.
Alguien se fue quitando el cinturón.
Alguien cerró la puerta.

Nosotros espiábamos por la ventanita, temerosos
y arracimados.
Todos queríamos que ella nos nombrara.

Ilusión óptica

El abejón aletea sobre la cabeza del búho parado
en el sombrero de la niña que camina
sobre el lomo del caballo que galopa
por el camino polvoriento.

Pero en verdad,
el abejón, el búho, la niña y el caballo, son
figuras inmóviles,
y el único que corre,
salvaje
es el camino.

Hada

Se alimenta de carne de venado, de hojas grandes y verdes,
pero vomita nieve.
Se desliza a gran velocidad, sube a los altos picos y cuenta
lo que todos callamos.
¿Podría patinar sobre un pie? ¿Dibujar en un pie?
Voy a decirlo de otro modo: la Sordomuda pasa
con su cuerpo ladeado para recuperar el quilibrio.
Aquí todos la aclaman: «no hay palabras, es única».

Con su pasamontañas se desliza.
Clava sus espolones y mi lengua aterida se enrolla
en viejos miedos.
Y así ella se alimente de frutas amarillas o de peces
plateados, siempre vomita nieve.
Cuando vomite al bosque, yo lo conoceré.

Ahora está en la pendiente: «no hay palabras, es única».
Yo tiro del trineo, con mi hocico escarchado poco
puedo decir.
Para ella los aplausos porque puede bailar, dar vueltas
como un trompo,
y si se lo propone,
podría leerle los labios a un muñeco de nieve.

Ilusión

Está dormida, sueña, sus párpados esconden
un aplauso cerrado, un puñal de hojalata,
un castillo de mimbre.
Seguro que en su sueño alguien está soplando
un almohadón de plumas y ella viaja y visita.
Los 33 Billares o El Blanquita.
(Hoy: Los Imperio, Ana Libia, Los Tres Ases, Paco Miller
y su muñeco Don Roque),
y trae una botella en cada mano.

–Ahora está soñando. ¿Con quién sueña? ¿Lo sabes?
–Nadie lo sabe.
–Sueña contigo. Y si dejara de soñar, ¿qué sería de tí?
–No lo sé.
–Desaparecerías. Eres una figura de su sueño.
Si se despertara ese Rey te apagarías como una vela.

Pero ella está borracha y lo que sueña es tan vertiginoso
que no puedo seguirla.
Habrá que adivinar, mis ojos fijos en su cuerpo
que se estremece,
se sacude,
que respinga,
que tiembla,
como una telaraña en la cuna vacía.

Cocina

Tus mozos caminan entre columnas de humo y reses
colgadas de las vigas del techo.
¿Qué llevan traen en sus bandejas?
Gotas de lluvia, puñados de tierra, para que las
manos de los niños puedan hacer figuras.
¡Amasa! ¡Amasa! (dicen lo mozos por lo bajo).
¡Trabaja! ¡Arrasa! (dicen y escupen de costado).

Menjunje en aluvión de especias.
Hervores, fiebres del arroz.
Guisados con un hueso en danza.
Maneras de espumar, mondonguerías.
De todo corazón: fritanga.

Van entre relámpagos y mesas atestadas.
¿Qué traen y llevan sus bandejas?
Gotas de lluvia, puñados de tierra, para que las manos
de los niños puedan hacer figuras.
¡Amasa! ¡Amasa! (dicen algunos por lo bajo).
¡Trabaja! ¡Arrasa! (mientras escupen de costado).

¿La imagen es una creación pura del espíritu?

El sol es una taza rota y su lava no acaba de volcarse.
Eso pasó hace mucho.
El sol existe así porque así lo soñaron los huicholes
 y después lo encerraron en sus cuadros de estambre,
 en sus mantas, en sus cuchara sabias.
Uno pintó una cara azul envuelta en rayos rojos.
Otro le hizo nariz.
Uno pintó una piedra con un bosque de sangre alrededor.
Otro más imaginó un erizo con sus estalactitas amarillas.
Pero hubo quien soñó un pez plateado sobre una telaraña.
Ese, no pintó nada.

Telenovela

Sordomuda,
yo cargo las valijas, yo compro los boletos,
y soy tu catador, el señor de las flores,
tu pareja de baile en el salón Colonia de México D. F.

Yo soy tu lazarillo y te compro historietas y soy
  tu guitarrista, el chofer de tu almohada,
  a veces el jinete, a veces el caballo.

Mudita de mi alma yo te elijo perfumes y te exhibo
  como el Príncipe Orsini al luchador Jacob,
  «La Bestia», en un cine mugriento.

Y soy el del retrato, tu instructor, tu pupilo, el cara de payaso,
un pasajero en tu sudor apenas,
Sordomuda, el que reza en tu cuerpo.

Hilachas

¿Es el silencio el guante de una voz?
¿Se podría tocar?
¿Recordaríamos el silencio de un día cualquiera
cuando niños?
¿Acaso vuela al ras del suelo?
El poeta que se llama a silencio, va
voluntariamente o el silencio lo llama?
El que calla, ¿otorga?

Son respuestas que yo no puedo preguntar.
No le temo al silencio,
aun cuando se estrelle con sus alas de polvo
en mi ventana.
No da miedo escucharlo.
Tengo miedo de verlo.

Universo

El poeta, como el cazador pobre,
a lo que salga.
Baldomero Fernández Moreno

El domador que mete su cabeza dentro de la boca
del león, ¿qué busca?
¿La lástima del público?
¿Que tenga lástima el león?
¿Busca su propia lástima?

El poeta que arroja su anzuelo en la garganta
de la Sordomuda, ¿qué busca?
¿La lástima del público?
¿Que tenga lástima la Sordomuda?
¿Busca su propia lástima?

Y el público, ¿está loco? ¿por qué aplaude?

Reverso

El reflector barre el agua con una luna falsa,
deja su baba entre los peces quietos.
Hay lanchas asesinas, hay luces de aturdir,
hay sirenas que rugen,
reflectores que arrastran su boca enharinada.

El poeta es apenas una sombra que corre por el fondo,
raspa el hueso del habla, busca una orilla
    en otro cuerpo, un pasadizo.

Nadie puede dormir, la vigilia es de piedra.
La vigilia de piedra,
la vigilia que piedra, piedra, piedra.

Placenta

Fue el fin del mundo cada día, cada rosa cortada,
  cada borracho sobre su bicicleta.
Alguien se despertaba, se miraba al espejo y eso
  era el fin del mundo.
Todo y por todos lados: cada grano de sal, una puntada
aquí en la sien o un auto a gran velocidad.
No había película que hablara de otra cosa,
ni cosa que estuviese fuera de esa película.

Fue el fin del mundo cada día, cada minuto y cada
  café frío.
No había felicidad sin sus ropas marchitas y el rostro
  que besabas era el del fin del mundo.
No había carta que no abriese con su enorme cuchillo
  de cocina.
Ni la estela de un bote escapó de sus redes.
Ahora mismo,
un teléfono suena y atiende el fin del mundo.

La Cenicienta y los poetas

Las mujeres de la casa tienen una costrumbre,
maltratarla:
    «¡Peina un poco esa lengua!
    ¡Dale brillo!
    ¡Plancha un poco la lengua!
    ¡Friega!»
Sordomuda entra al espejo tarareando canciones
    que nadie escuchará.
Casi todos los días una misma visita:
sapo de encantamientos.
Y ella, noche tras noche, va a acariciarle el lomo
y a decirle sin voz: «quizá, tal vez, mañana».

Las damas de la casa tienen otra costumbre,
putear frente al espejo:
    «¡Este perfil apesta!
    ¿Y esta arruga?
    ¡Hoy nadie vino a verme!»

Sordomuda abre su ventanal y *tiritan azules los astros*
    a lo lejos.
Allí están las pintadas en los muros vecinos,
entre vivas y mueras, grandes letras de molde:
    «¡Qué pequeño es el mundo!»
    «¿Usted camina o flota?»
Ya es tarde.
Están cerradas todas las ventanas.

Y todo bulto que se mueve por los alrededores,
mugido,
silbo,
llanto,
le está pidiendo un beso.

1958

Sordomuda,
hoy la tarde sobre Ingeniero White es suave
como mi abuelo peinándome de niño.
Las calles que se tragan sus palabras de polvo,
    guiñan con luces tímidas.
El muelle se evapora como mi cuerpo de seis años
    enfundado en el abrigo de mi abuelo.
Y en mis sueños tu casa,
los muros descascarados de tu casa,
el perfume de flores de tu casa,
las risas de tu casa,
tu bicicleta afuera sobre la pared blanca.

Valsecito

El vals de la Sordomuda me llena los ojos de lágrimas,
    me enciende un cigarro en la boca,
    me aflauta la voz, me da pena.

(Pensar que yo pagué la fiesta.
Pensar que contrate a la orquesta).

El vals de la Sordomuda es un fotógrafo molesto,
    es una torta de tres pisos.
    es un collar de perlas falsas.

(Pensar que yo pagué la fiesta.
Pensar que contraté a la orquesta).

Y el vals de la Sordomuda es una bandada de patos
    sobre el viejo techo de zinc.

Exilio

Un hombre enterrado en las arenas del exilio
donde se hunden sin chistar mujeres rojas y tiendas
de lentas humaredas,
y una espada se emperra y una silla en desuso.

Un hombre enterrado allí donde Tarafa ofrece
una copa de vino, por las llamas del sol
que lo despedazaron.
Y va a pique la mesa donde alguien escribió
moriré tal vez muy lejos de mi idioma
y Artaud canta parado en un caballo blanco.

Entonces, ese hombre es polvo de su voz.

Postal

El semáforo detiene por un instante la caravana
 de automóviles.
¿Alguien ha visto un antifaz de plata sobre las aguas negras?
Canta un recién nacido: «la ciudad tiene ruidos de celda».
Sordomuda, parada en medio de la gran avenida,
 escupe fuego.
Los edificios son estacas clavadas en el llanto de los
 ancianos.
¿Alguno ha visto un caballito de papel maché cegado
 por los grandes anuncios luminosos?
«La ciudad tiene ruidos de celda».
Por los vidrios esmerilados de los autos, resbala
 una canción.
Sordomuda hace buches con nafta, escupe fuego.
Cuando el semáforo cambie de color
los autos tomarán la carretera que lleva hacia el desierto.

Suma

Los días no contaban para mí,
bastaba la palabra.
Yo escuchaba en cuclillas cómo alguna palabra
conversaba con otra.
No contaban los días.
Pero extravié palabras y los días me siguieron de cerca
con sus largos abrigos
Yo iba mirando el suelo.
«Ese no cuenta el cuento», vaticinaron unos.
Yo no escuchaba a nadie, yo contaba con ellas.
Los días fueron como trapos mojados en los pies.
Habité días feroces porque perdí palabras.
Eran contadas y eran, al fin, las que contaban.
El tiempo es implacable.
El que pierde palabras tiene los días contados.

El sueño que sueño

Habráse visto lo que he visto
con los ojos cosidos a la almohada:
nada más que una sombra
con un anillo de oro.

Tango de la contorsionista

Vivo agarrado de su trenza larga,
guindando, dando tumbos,
aferrado a ese hilo con voz de polizón y un
    abismo en las suelas.
Y ella no come de mi mano.

¿Podré asomarme al filo de su rostro?
¿Alguien trató, dijo, me juego la cabeza?
Vivo trepando por su trenza larga.
Ella se bambolea, se retuerce, se comba, hace oscilar
    las piernas, sabe quebrar los brazos,
en el hombro un tobillo y una mano en los ojos.

Ondulante cintura de la contorsionista donde instalé
    mis sueños.
    ¡Santo Dios!
Da cornadas de ciego su mejilla en el barro,
    pero no come de esta mano,
    yo tengo manos que no duermen.

Vivo agarrado de su trenza larga como de una cornisa.
Si algún día tratara de frenarla, despertaría su furia.
    De serpentear es ella,
    de culebrear su trenza
    sabor de mate amargo.
Cuando ovillada en sus talones se duerme sobre
    la cabeza de un alfiler.

Anoche soñé que un enjambre de brazos me levantaba
en vilo para arrojarme lejos de su carpa.
¿Le extrañaba después? ¿Hubo remordimiento?
Que siempre voy colgado de su trenza
nudo atroz de cuero crudo.
Y ella no baila de este pie.

Yo tengo manos que no durmen
Ella levanta polvareda cuando trepa en el cable hacia
el trapecio.
Y yo agarrado de esa trenza larga, con los dedos en sangre,
pujando, zigzagueando, rezando por lo bajo:
paladar de otoño
necesito un respiro,
una lima filosa adentro de un pastel,
un pasaporte falso,
dale una herida fresca a este cuerpo marchito
que ella no come de mi mano,
múdame de esta sorda
que ella no baila nunca de mi pie.

Diálogo de una estación de trenes

Escribir es, de alguna manera, ir a una cita.
–¿Con quién? ¿En qué lugar? ¿A qué hora?
–La misma expectativa, el sudor en las manos,
la mente en blanco, la página igual.
–Pero él, ¿escribe?
–... y marcó el número y concretó la cita y escuchó
aquella voz como bordada en todo el cuerpo.
–¿Pero cuál? ¿Pero quién?
–Hay fotos de revistas, hay rumores.
–¿Cuándo? ¿En qué lugar?
–Él entra al baño, se peina, se despeina, se perfuma
y ya decidido va a pedir un café.
–Es temprano, ¿verdad?
–El reloj es un inválido que cuenta historias crueles.
–Siga, siga. ¿Por qué?
–Ella cruza la puerta, endiablada, entalcada, ella avanza
atareada, en fin, pintarrajeada.
–Por favor, continúe.
–No hay palabras, es única.
–¿Y él?
–Ya se puso de pie y le estira una mano.
–¿Y ella?
–Pasa ligero, dice «no lo conozco».

¿A esto le llamas ayudarme?

Yo dije «bésale las piernas a la poesía».
Y también «bésale las palabras».
Yo dije «hurga su lengua».
Y dije «hasta que abra los brazos».

Yo dije «bésale las piernas, las palabras».
Y dije «hasta que no de más».
Y «hasta que pida más».
Y dije «hasta que cante».

A qué alegar ahora si ella en verdad cantó.
¿Fue un sueño?
¡Qué más da si era mímica y disco, si era
    patraña y ruido!
Sé que la oí cantar,
¿qué cambia que hubiera sido de otro modo?

Vida cotidiana

Sordomuda se inclina, da de comer al ojo.
El ojo gruñe.
Tiene su propio plato y una casilla con su nombre.
Ella se estira, corta frutos silvestres, dúos de enamorados
que flotan en el parque; gatos fosforescentes,
sombrillas para el ojo.
El ojo engulle lo que ve y eructa.
Sus dientes pasan lista.
Farfulla su lengua de cuero.
Su espuma bate palmas.
La cadena del ojo, ¿es su conciencia?
Ella le soba el lomo y el ojo bosteza satisfecho.

Después, ella tira muy lejos una madeja de hilo y el ojo va
y lo trae,
y si arroja un periódico el ojo se lo alcanza,
llorando.

Besos

la vida no es
la cara ni el llanto de la cara
ni la mano ni el golpe de la mano en la cara
ni el viaje de la mano ni la estéril huida de la cara

es el hilo de sangre que sale de tu boca.

Oasis

Caminé en el desierto de tu lengua.
De cada polvareda hice un recuerdo grato.
De una piedra redonda, un amuleto.
De las verdes tormentas hice un bosque.
De cuatro lagartijas, un amigo.
Caminé,
    ¿Para qué?
Si el que habla de estas cosas es apenas el viudo
    de tu lengua.
¿Para qué?
    Caminé.
El bosque, el amuleto, el amigo, el recuerdo,
    son puñados de polvo.

¡Tanto excavar por una perla de agua!
¡Todo mi harén es una Sordomuda!

Centro

Solamente podrás armar tu mesa de madera con
    el pensamento fijo en una tormenta:
cada clavo un árbol derribado
y cada martillazo un paraguas deshecho.
Solamente podrás bailar con una mujer sobre esa
    misma mesa,
pensando que un tigre se agazapa desde las ramas altas:
cada paso un rugido,
cada giro un zarpazo.
Solamente podrás llegar a tu casa de Banfield
tomando rumbo a Huauchinango.
Únicamente podrás atisbar al poema, desde esa ventana
que te devuelve a la pareja de amantes
bailando en el centro de la tormenta,
apenas alumbrados por los ojos de un tigre.

El Rock de la cárcel

Ella pone la radio a todo volumen cuando intento escribir
    cuando quiero dormir,
ella baila en el piso de arriba.
Baja las escaleras con fuerte zapateo,
        sus hijos lloran,
        sus perros ladran.
Todo el santo día hay personas que tocan a mi puerta
    y por toda disculpa dicen: me equivoqué de puerta.
Ahora sube las escaleras corriendo, da un portazo
    en su cuarto y discute a los gritos.
        Sus hijos ladran,
        sus perros lloran.
Con ella el vecindario es mucho más que una riña
    de gallos en el techo,
mucho peor que una explosión adentro de la almohada.
Un día respiré profundo, subí las escaleras,
—me atendió un hombre que estaba agonizando—
dije tímidamente: me equivoqué de puerta,
        mis hijos lloran,
        mis perros ladran.
Ella tiene la radio a todo volumen cuando intento escribir
    cuando quiero dormir,
ella baila en el piso de arriba.
Hace años que mi único deseo es cruzarme
    con ella en la escalera,
y decirle a la cara ¡me voy!
y rociarla con nafta,
y apagar mi cigarro en su vestido rojo.

Film de amor

Se apagaron las luces.
El piano va en zig zag y en la pantalla
el caballero se arrodilla a los pies de su dama.
Ahora junta las palmas y mueve el bigotito.
Ella entorna los ojos y se revuelve el pelo.

Aquí la copia está cortada y el público no deja de silbar.

¡Se terminó, señores! ¡Desalojen el libro!
De todos modos, no habrá más que un señor de bombín
y una señora gorda.

Mi lengua es una película muda.

Burlesque

Ella hace un strip-tease para mí solo.
Ella hace un strip-tease para mí.
Ella hace un strip-tease.

Ella
            saca la lengua,
que es la punta del iceberg.

ZONA DE TOLERACIA

Latidos

Mi cuna no ha sido precisamente un zapato
 w.s. merwin,
como usted afirma en una canción nómada.
Podría haber sido, sí, alguna gota de agua
suspendida del cuerpo de mi madre donde alunicé
 un día.
Estuve envuelto en agua, en esa turbulencia de
 líquido viscoso,
y el dibujo de mi ventana fue siempre aquella ola,
 rompiéndose y haciéndose,
 haciéndose y rompiéndose,
 rompiéndose y la veo:
todavía es azul y es verde y es azul.

Es la vida y soy para ella un rostro que se hace
 y se deshace,
bajo el imperceptible galope de sus alas.

Arte poética

He tratado de dibujar un niño en la corteza de los árboles,
    y de ocultar las ramas entre las páginas de un sueño.
Y he mezclado los cielos a la sombra de un hijo,
    a la sombra de un árbol,
    a la sombra de un libro.

He tratado de barajar los pocos cielos míos.
De plantar una lengua en la tierra del sueño y escribir
    con la mano del deseo, ese libro que mañana hablará
    como un hijo.

Sin dejar de girar con un vino en el aire.
Por el hijo de oro, por el libro de espadas,
    por el árbol de sangre.

Olas

Tu corazón es una taza diminuta,
y es la única taza que precisa dos bocas,
y es la única boca que no se vuelca nunca.
    Enormes olas,
locomotoras de agua se desploman cerca de tus
    labios de Grecia.
Pero esto es Isla Negra y enfundada que vas en un abrigo
    hecho para otro cuerpo,
    hecho para otro clima.
Pero siempre en tus ojos brillando una tacita.
Entonces,
hay un hombre encerrado en los papeles de la noche.
Sus vagabundos quieren levantar esa taza,
como los deportistas a sus copas doradas.

Arder

Cuando nos besamos trituramos un ángel.
Su última voluntad será nuestro deseo.
Tiempo habrá para escupir sus vidrios de colores,
    su sombrero de plumas,
barajas manoseadas por tahúres y ahora

hay que hacerlo entrar,
ofrecerle licor (que él viene de morirse),
acercarle una silla (que lee en la oscuridad).

Dirá sus baratijas,
su forma de guiarnos al secreto de la vieja estación.
Dirá que el vino está hecho de hojas secas,
que puede hacer un fuego con tu rostro y el mío.
(Ni un centavo de luz a su trabajo).

Cuando nos besamos desollamos un ángel,
un condenado a muerte que va a resucitar en
    otras bocas.
No tengas lástima por él, sólo hay que hincar el diente,
    y triturar al ángel.
Abrir tus piernas blancas y darle sepultura.

Arañas

Finalmente, Belardo yo te ofrezco
un alma pura a tu valor rendida
Amarilis

Con el manto de plumas de Elsa Manet y el andar
atrevido de La Goule,
con el cuerpo de Marina Lobatch rebotando en el aire,
con una que otra escena de alcoba de Mae West y los ojos
rasgados de Nahui Olin,
podrías armar una morada donde apoyar esa cabeza llena
de zumbidos,
un pequeño lugar desde donde veas titilar la ciudad,
una caverna digna de recibir a los carteros.
Pero nada has podido construir.

Vives en una hamaca próxima a derrumbarse,
un silencio viscoso, una trampa de encajes.
Y aunque de noche sueñas que Marina y La Goule
son algunas romitas para hacer tu morada,
la hilandera volverá a reprenderte.
Sólo una ceremonia: escapar de sus piedras y de sus
dentelladas,
mover los pedipalpos, agitar las antenas, tiritar en sus
chales,
dar brazadas de miedo en sus licores.

Tu plato *es una araña enorme, a quien impide el abdomen*
seguir a la cabeza.
Tu comida es ponzoña, tu cama es esta virgen llena de nudos:

¡Y me ha dado qué pena esa viajera!
Ni el ángel del París de lo '80 desnuda bajo un manto de plumas,
ni la cachonda West diciendo que el hombre firma con sus besos,
ni La Goule revolcándose en la barriga del lobo Lautrec,
ni la estrella de cinco puntas de Marina,
ni los ojos rasgados de la Olin en cada tachadura de una carta
de amor.

Sólo este descampado de ocho patas.
Solamente este orden:
los huevos en su cesto,
el abdomen tamborileando contra el suelo
y en la ruta vacía anuncios luminosos que repiten:
¡Tómame cuanto antes, te doy mi corazón que es
la ley de la selva!

El ángel de la muerte

Oigo pasos ¿será la boca de tiznar y el navajazo en pleno
rostro?
Así te acechan como ¿será la antorcha de otra voz que va
sobre la tuya?
Escucho pasos y ¿será el escupitajo en la tela de araña
de tu infancia?
Así te azuzan como ¿será la cruz al rojo en tu mejilla?
Oigo pasos cerca de ¿será como esos guantes rozando
tu estación?

En la memoria hay una puerta rota.
Los sueños son distintos y el final es el mismo:
el asesino que te besa.

Suertes

Azar no es arrojar una moneda al aire.
Ni siquiera esperar el cara o cruz.
Azar es atrapar la moneda en el aire
y huir sin dejar rastro.

El forastero

Jorge Teillier se mira en un vaso de vino
(también Esenin, Búfalo Bill y Stevenson)
y el vino nunca olvidará esos rostros.

Autoplagio

Latigazos de sombra desordenan tu cuerpo,
en la fotografía donde te estoy pensando,
y soy el extranjero que descrubrió tu rostro
y se animó a escribirlo, que era como besarlo.

Galería de cosas inútiles

Todo lo que no es útero,
es intemperie.
(de un vecino de Bahía Blanca)

¿Cómo nace el poema?
Piense en una palmera creciendo adentro de un enano.
(de un espectador)

No es el perro el que huele primero el miedo del hombre.
Es la mujer.
(de un parroquiano del bar Paraíso)

Construimos un refugio antiaéreo
y la bomba estaba dentro nuestro.
(de un rock and roll)

En la lona

A Rafael Ramírez Heredia, árbitro de la lucha libre.

En el catch, si un hombre se cae queda exageradamente
ahí, llena hasta el extremo la vista de los espectadores
con el espectáculo de su impotencia.
Roland Barthes

Los luchadores son líricos.
Martin Karadagian

Terremoto Kid está sentado en un rincón,
la cabeza humeante entre los brazos,
las piernas como si fueran de otro cuerpo.
El árbitro levanta el brazo al vencedor
—que es el Señor Misterio—
y el público lanza un rugido.

Cuando todos se marchan, él continúa en su rincón,
la cabeza humeante entre los brazos,
las piernas como si fueran de otro cuerpo.
Terremoto Kid debe juntar lo poco que le queda
    y salir a la calle y escuchar que le gritan:
«¡Ah pendejo, al final te jodió con esa quebradora!»
«¡Ah grandulón, te distrajo la mariposa de su capa,
    el pez de su antifaz,
    el aviocito azul tatuado en su antebrazo!»

Una derrota es todas las derrotas.
La vida que te corre con un cinto en la mano.

Nota roja

La locura es una pregunta a quemarropa del tipo:
¿el zenzontle es un ave?
O tambien: *¿Tiempo, dónde estamos tú y yo, yo que*
vivo en ti y tú que no existes?

El ciudadano Alfonso Cortés, premiado en los Juegos
Florales de Quetzaltenango, veinteañero, elegante,
codiciado por Raquel, por Angélica, lo sabía: existe
una pregunta que es un soplo en tu lámpara.

El muchacho solía decir que Dios le hacía cosquillas en
el cerebro.
Uno de los testigos —apellidado Cardenal—observó que la
víctima de barba roja y ojos azules se demudaba súbitamente
en medio de una conversación, con escalofríos de terror
o de furia que se disipaban al instante.
Otro testigo dijo: no hay riña de borrachos que te deje ese tajo
en la cabeza.

Quedan aún muchas dudas sobre esa noche de febrero
de aquel 1927, cuando Cortés se volvió loco.
Después vivió colgado de las vigas del techo de su casa,
como los marineros sujetos a los mástiles resistiendo
los cantos de sirena.

Porque la locura es una pregunta a quemarropa del tipo:
¿Qué mujer cada noche, con los ojos en blanco,
lanza un aullido de oro?

El peluquero

a mi abuelo Santiago

Asentaba navajas en un listón de cuero,
porque era su trabajo arrancarle a los rostros
    sus animales muertos.
Hacía barba y bigote para el espejo atestado de gente.
Su navaja pulía aquella superficie,
rasuraba los rostros del espejo y haciendo su trabajo,
¿afeitaba al espejo?

Era más chico que un tarro de gomina Brancato
    mi abuelo,
pero una cabeza más alto que la muerte.
Invitaba al cliente sacudiendo una toalla
y el cliente ocupaba aquel sillón Dossetti de madera
y entraba en el espejo.
El estilista hablaba solamente con su tijera
y cuando ella por fin tenía la lengua desgajada hacia un lado,
    él el decía: «servido».

Mi abuelo maquillaba al espejo con estrellas de talco
    y usaba un pulcro saco blanco.
La muerte —que también es prolija— le envidiaba su colección
    de peines.

Un día la muerte, que hojeaba una revista deportiva, dijo:
    «me toca a mí».
Y ocupó aquel sillón, despatarrada y con un remolino
    en la cabeza.

«Tiene un pelo difícil», dijo sin voz mi abuelo.
Después, la muerte asentó su navaja y haciendo su trabajo,
¿rasuraba al espejo?
El peluquero se marchó bajo un cielo cualquiera
con estrellas de talco.
El espejo se pasó la mano por la cara afeitada, suave,
como un recién nacido.

Fábulas de una alcancía

Después del tercer vómito amarillo y rechazar
cada moneda que viajaba por su barriga,
aquel chancho fue echado como un perro
por ser la mosca blanca,
sin decir agua va fue tratado de cerdo
por ser la oveja negra.

Lo encontré en un callejón del barrio de San Telmo
colgado de la punta de un garrafón de vino,
balbuceando como siempre sucede en casos como éste,
me hablaba de su porqueriza:
«Así como me ve conozco mucho mundo,
compré un abrigo de celofán,
tuve mujeres de porcelana china,
dormí en repisas de privilegio».

Hasta que dejó de balbucear —aunque no de trastabillar—
y dijo palabras de corrido:
«Aquí todos dicen convivir con el otro, pero dejan afuera
la fantasía del otro.
Si comes, duermes, con el otro,
¡no desprecies su fantasía!»

El achanchado citaba de memoria a Pound
cuando parado en sus cuartos traseros,
quería imitar el canto de los gallos.
Y luego, una vez más:
«Nadie vivirá nunca con el otro, mientras deje afuera
la fantasía del otro».

Decía cosas terribles ese chancho
y era salvaje como un colibrí,
aleteando con sus muñones.

Los papeles del nadador

a Rodolfo Dada

I

Si el nadador tristea,
todo el mar es su lágrima,
todo el ruido del mar
es su tonada,
todo el mar es de vino.

II

Prueba otra vez, prueba una y otra vez.
El nadador sube hasta el trampolín,
entre las nubes altas,
los aviones que escriben en el cielo con humo,
las bandadas de patos.
Ya está en puntas de pie, ya flexiona las piernas,
estira bien los brazos.

Prueba otra vez, una y otra, una y otra, se concentra, respira.
El agua hace silencio.
La ventolera tira sus manotazos y le arranca el gorrito de baño,
escupe en su antiparra.
Pero él insiste y otra vez, prueba una y prueba otra.
Es un ovillo el nadador entre las nubes altas,
el humo que dejaron los aviones,
las plumas de los patos que emigraron al norte.

Puntas de pie, no vayas a fallar.
Vuela en picada el nadador, su dibujo es perfecto,
su boca entra al desierto.

III

de ser posibile, leer con música
de fondo de Bob Marley

Mal rayo me parta, el cielo está muy resbaloso,
el vino escaso, la caricia extraña en estos días,
tu nombre llega como un golpe de vino a la cabeza,
mal rayo me parta en tan inoportuna ocasión.

Simulo leer un diario bajo el aguacero de tu cuerpo,
bienganado el diluvio, malhaya la tormenta,
pasa un cuerpo flotando bocabajo
y mal rayo me parta tan lejos de tu cuello.

Los cielos se mezclaron en tu boca pequeña,
los gatos se revuelcan en tu mano,
adelante el insomnio es un campo minado,
hay besos enterrados que pueden estallar.

Corro a campo traviesa con fósforos mojados,
¿qué es esta polvareda sino un fantasma tuyo?
El futuro es un traje pero para otro cuerpo,
los espejos del bar no preguntan por mi.

Hoy cargo mis valijas por el fondo del mar,
tengo pocas palabras
mis dos lenguas tropiezan dentro de una botella
y mal rayo me parta en tan inoportuna ocasión.

IV

Nadador
la verdad es una piedra pulida por el agua,
una estrella aplastada por algún tren carguero,
yace en el fondo, extraña, entre una multitud de
formas ondulantes.
Alguien tejió esa piedra para que te miraras con
tu viejo sombrero, tu sonrisa maltrecha.
Alguien dice tu nombre en la oscuridad de esa piedra,
y te narran girando por los espesos caldos del alcohol.
Se agotó la paciencia de tus labios que ahora viven
adentro de una piedra.
Los pliegues de tu miedo van a pudrirse allí.
Tu quieres preguntar y para preguntar primero hay
que morirse.
Nadie puede bailar en esos pasadizos.
Nadador,
mira como se apagan tus gestos en los bordes redondos
de esa piedra.
Empolla en esa piedra la canción del naufragio.

NOTA

Colaboraron en este libro: Lewis Carrol, Mae West, una persona del público, Baldomero Fernández Moreno, César Vallejo, Tao Ch'ien, Homero Expósito, Raúl Gustavo Aguirre, Nazim Hikmet, Roland Barthes, Amarilis, Pablo Neruda, Martín Karadagian, Artur Rimbaud y Alfonso Cortés, entre muchos otros a quienes extiendo mi agradecimiento.

ÍNDICE

ZONA DE TOLERACIA

Este libro se terminó de editar en Granada en abril de 2024 por

www.aversopoesia.com
hola@aversopoesia.com